Durand

1784

4° Q 10 A (136)

CATALOGUE
DES LIVRES IMPRIMÉS,

Ou qui se trouvent en nombre chez DURAND, rue du Foin, en entrant par la rue S. Jacques, la premiere porte cochere à droite, à S. Landry.

Les articles marqués * sont des assortimens.

M. DCC. LIV.

A

Abregé de la Bible, par demandes & par réponses, par D. Guérard, de la congrégation de saint Maur, *in-12.* 2 vol. Nouvelle Edition. 4 l. 10 f.

Abregé de l'Histoire de France, par M. Mezeray, *in-4.* 4 vol. 48 l.

— La même, *in-12.* 14 vol. 36 l.

Abregé de l'Histoire de France, depuis l'établissement de la Monarchie Françoise dans les Gaules, par le Pere G. Daniel, de la Compagnie de Jesus, *in-4.* 6 vol. 54 l.

— La même augmentée des Histoires de Louis XIII. & Louis XIV. *in-12.* 12 vol. 30 l.

Abregé de l'Histoire de Polybe, par un Officier de distinction, *in-4.* 3 vol. 42 l.

— de la Logique de Crouzas, *in-12.* 2 vol. 5 l.

Actions Chrétiennes, ou Sermons de l'Avent, Carême, Panégyriques, Octave du S. Sacrement, par le P. Simon de la Vierge, Religieux Carme, *in-12.* 15 vol. 37 l. 10 f.

Amours d'Henry IV. *in-12.* 2 l.

Amusemens de la campagne, *in-12.* 7 vol. 17 l. 10 f.

Amusemens de la raison, *in-8.* 2 vol. 1752. 3 l.

Analyse démontrée, ou Methode de résoudre les Problêmes de Mathématiques, & d'apprendre facilement les Sciences, par le P. Reynau de l'Oratoire, *in-8.* 2 vol. 22 liv.

Analyse des infiniment petits, pour l'intelligence des lignes courbes, par M. le Marquis de l'Hôpital, 1 vol. *in-4.* Seconde Edition. 1715. 9 l.

Anecdotes Littéraires, *in-12.* 3 vol. 7 l. 10 f.

Anecdotes historiques, politiques & militaires, depuis l'élévation de Charles Quint au Trône de l'Empire, jusqu'à la paix d'Aix la Chapelle en 1748. par M. l'Abbé Raynal, *in-12.* Les deux premiers volumes. 5 l.

Angelina, *in-8.* 2 vol. Roman traduit de l'Italien. 4 l.

Année Ecclésiastique, ou Instruction sur les Propres du Tems, & le Commun des Saints, avec une explication des Epîtres & Evangiles, de l'année, *in-12.* 15 vol. 37 l. 10 l.

Année Chrétienne, ou l'Abregé de la Vie des Saints, *in-24.* 2 l. 10 f.

* Antiquités Romaines, *in-4.* Hollande, 15 l.

Aphorismes de six Octaves, *in-12.* 1 vol. contenant des remarques sur la connoissance & la cure des maladies, traduit en françois, nouv. Edit. revûe & corrigée. 1745. 3 l.

Architecture Militaire, *in-4.* 2 vol. reliés en un 2 l.

Architecture de Vitruve, ou Abregé des dix Livres d'Architecture de Vitruve, imprimé en 1674. *in-12.* 1 vol. *avec fig.* 2 l. 10 f.

Arithmétique de le Gendre, *in-12.* 1 vol. Nouv. Edit. 1753. mise en pratique, selon l'usage des Financiers, Gens de Pratique, Banquiers & Marchands, contenant un Traité de Géométrie, un Abregé d'Algebre, & une Arithmétique aux Jettons. 2 l. 10 f.

Arithmétique de Barreme, ou Livre facile pour apprendre l'Arithmétique soi-même, & sans Maître. Nouvelle Edition de 1747. *in-12.* 1 vol. 2 l. 10 f.

Arrêts de Reglemens, sur toutes sortes de matieres, par M. Louis-François de Jouy, Avocat au Parlement, *in-4.* 1 vol. 10 l.

* Arrêts de Mainard, *in-fol.* 2 vol. contenant de notables & singulieres questions de Droit jugées au Parlement de Toulouse, conférées avec les autres préjugés des autres Parlemens de France. 1751. 40 l.

Arrêts de Louet, *in-fol.* 2 vol. ou Recueil de plusieurs Arrêts notables du Parlement de Paris, pris des Mémoires de M. Maître George Louet. Nouv. Edit. 1742. 40 l.

Arrêts d'Augeard, nouv. Edit. augmentée, *in-fol.* 2 vol. *sous presse.*

Arrêts d'Auzannet *in-fol.* 2 vol. *sous presse.*

A

Art de la Verrerie de Nery, Merret & Kunckel, traduit de l'Allemand, par M. D***. *in-4.* 1 vol. *avec fig.* 1752. 14 l.

Art de faire éclore, & d'élever en toute faifon des Oifeaux domeftiques de toutes efpeces, foit par le moyen de la chaleur du fumier, ou du feu ordinaire, *in-12.* 2 vol. par M. Reaumur, &c. Seconde Edit. de l'Imprimerie Royale. 1751. 6. l. 4 f.

Art (L') de dreffer les Formules de Médecine, traduit du latin de Jerôme-David Gaubius, Profeffeur en Médecine & en Chymie, dans l'Univerfité de Leyde. 1749. 3 l.

Art de fe connoître, par Abadie, *in-12.* 2 l.

Aftronomie nautique, ou Elémens d'Aftronomie, tant pour un Obfervatoire fixe, que pour un Obfervatoire mobile, par M. de Maupertuis, *in-8.* 1 vol. Seconde Édition de l'Imprimerie Royale, 4 l.

Atlas Portatif, univerfel & militaire, compofé d'après les meilleures Cartes, tant gravées que manufcrites des plus célebres Géographes & Ingénieurs, par M. Robert, Géographe ordinaire du Roi, *in-fol.* 1 vol. 42 l.

Avis pour le tranfport des Arbres & des Plantes des Pays Etrangers, Paris, de l'Imprimerie Royale, *in-12.* 1 l. 5 f.

B

Beaux Arts (les) réduits à un même principe *in-8.* 1 vol. par M. l'Abbé le Batteux. 3 l.
— Les mêmes, *in-4.* 1 vol. 15 l.
Biblia Sacra, *in-8.* 1 vol. *vulgatæ Editionis Sixti V. & Clementis VIII. Pont. Max. juffu recognita, atque edita. Editio nova verficulis diftinéta.* 5 l.
Biblia Sacra vulgatæ Editionis. *in-24.* 7 vol. 12 l.
Bible de Carrieres, *in-4.* 6 vol. contenant l'ancien & le nouveau Teftament, avec un Commentaire littéral, inferé dans la traduction françoife. pap. commun. *fig.* 60 l.
— La même, pap. fin *fig.* 72 l.
Bible de Carrieres, *in-12.* 5 vol. ou Commentaire littéral fur la Sainte Bible, contenant l'ancien & nouveau Teftament, inferé dans la traduction Françoife. 12 l. 10 f.
Bible de Carrieres, *in-18.* 10 vol. 20 l.
Bible de Royaumont, *in-12.* 1 vol. contenant l'hiftoire du vieux & du nouveau Teftament, avec des explications édifiantes tirées des Saints Peres, pour regler les mœurs dans toutes fortes de conditions. Nouvelle Edition augmentée, 2 l. 10 f.
— La même *in-4. avec fig.* 18 l.
Breviarium Romanum, *in-12.* 4 vol. 16 l.
Breviaire Romain, *feu Breviarium Romanum ex Decreto fanéti Concilii Tridentini reftitutum*, *in-8.* 4 vol. 42 l.

C

La Callipedie, ou la maniere d'avoir de beaux enfans, traduite du Poëme latin de Claude Quillet, *in-8.* 1 vol. 1749. 3 l.

Catalogue de la Bibliothéque du Roi, Paris, de l'Imprimerie Royale, *in-fol.*
Les Manufcrits contiennent 4 vol. *in-fol.*
Les Imprimés, 6 vol. *in-fol.*
La fuite *fous preffe.*
Chaque volume fe vend 24 liv. en feuilles, à l'exception des Tomes 2 & 3 des Imprimés, qui ne fe vendent que 21 l. chaque volume *en feuilles.*
Catalogue Raifonné des Tableaux du Roi, avec un Abregé de la Vie des Peintres, par M. Lepicier, *in-4.* 1 vol. 1752. 9 l.
Cathéchifme du Concile de Trente, fuivant la nouvelle Traduction. Quatriéme Edition revûe, corrigée & augmentée, *in-12.* 1 vol. 2 l. 10 f.
— Le même, Latin, *in-24.* 2 l.
Caufes célebres & intéreffantes, avec les jugemens qui les ont décidées. Nouvelle Edition revûe, corrigée & augmentée, par M. Gayot de Pitaval, Avocat au Parlement, *in-12.* 20 volumes. 50 l.
Chemin du Ciel (le) ou le plus court chemin pour aller à Dieu, *in-12.* 1 vol. Deux Ouvrages du Cardinal Bona, nouvellement traduits, *in-12.* 1 vol. 1738. 2 l. 5 f.
Cléomelie, ou mélange de différentes Pieces de Vers & de Profe, traduites de l'Anglois, *in-8.* 3 vol. Berlin. 1751. 7 l. 10 f.
Chimie (la) de Boerhaave, traduite en François, *in-12.* 6 vol. 15 l.
Chirurgien-Dentifte, ou Traité des Dents, où on enfeigne la maniere d'entretenir les Dents faines & propres, par M. Pierre Fauchard, Chirurgien-Dentifte à Paris, *in-12.* 2 vol. *fig.* Seconde Edition. 1746. 6 l.
Choix d'Hiftoires tirées de Bandel, Belle-forêt, &c. *in-12.* 4 vol. 8 l.
Code Frederic, ou Projet du Corps de Droit Frederic pour les Etats de Sa Majefté le Roi de Pruffe, fondé fur la raifon, & fur les conftitutions du pays, *in-8.* 1 vol. 1751. fuivant l'Edition de Halles. 5 l.
Code Civil, ou Ordonnances de 1673. *in-24.* 1 l. 10 f.
— Marchand, ou Ordonnances de 1673, *in-24.* 1 l. 10 f.
— Committimus, ou Ordonnance de 1669. *in-24.* 1 l. 10 f.
— Criminel, ou Ordonnances de 1670. *in-24.* 1 l. 10 f.
Comédies de Terence, avec la Traduction & les Remarques, par Madame Dacier, *in-12.* 3 vol. *fig.* Amfterdam & Leipzig. 1747. 1 l.
Commentaire littéral fur les Pfeaumes de David, inferé dans la traduction avec le texte latin à la marge, & l'ordinaire de la Meffe, par le Pere de Carrieres, *in-12.* 1 vol. 1714. 2 l. 10 f.
Commentarii univerfam compleétentes Hiftoriam, par M. Jacques Roffuet, *in-12.* 1 vol. 1 l. 10 f.
Compendiofæ Inftitutiones Theologicæ, ad ufum Seminarii Piétavienfis, juffu & auétoritate D. Joannis Claudii de la Poype de Vertrieu, Piétavii, *in-12.* 6 vol. 1754. 15 l.

Concordance des Saints Peres de l'Eglise Grecque & Latine, *in-4°.* 2 vol. 15 l.

Conferences de Bornier, *in-4.* 2 vol. ou Conferences des nouvelles Ordonnances de Louis XIV. par M. Bornier, *sous presse.*

Conference des Eaux & Forêts, *in-4.* 2 vol. ou Conference de l'Ordonnance de Louis XIV. du mois d'Août 1669. sur le fait des Eaux & Forêts, avec leurs Edits, Déclarations, Coûtumes, Arrêts & autres Jugemens rendus avant, & en interprétation de ladite Ordonnance, depuis l'an 1115. ju'qu'à présent. 20 l.

Conferences des Ordonnances sur les Matieres Ecclésiastiques, &c. par M. de Jouy, Avocat en Parlement, *in-4.* 10 l.

Conseils de l'Amitié, *in-12.* 1 vol. Lyon. 2 l.

Conseils (les) de la Sagesse, ou les meilleurs maximes, tirées de Salomon, avec des Réflexions sur ces mêmes Maximes, *in-12.* 2 vol. reliés en un. 2 l. 10 f.

Conseils à une Amie, *in-8.* 1 vol. par M. P***. 1749. 2 l. 10 f.

Considérations sur le Génie & les Mœurs de ce siécle. *in-12.* 1 vol. 1749. 2 l. 10 f.

Considérations politiques sur les coups d'Etat, avec les Réflexions Historiques, Morales, Chrétiennes & Politiques, par Naudé, *in-12.* 3 vol. 7 l. 10 f.

Consultations choisies de plusieurs Médecins célébres de l'Université de Montpellier, *in-12.* 8 vol. avec des Dissertations sur les Maladies aigues & croniques. 20 l.

—— La suite, *sous presse.*

Consultations de Medecine de M. Louis-Jean le Thieullier, Docteur-Regent de la Faculté de Médecine, en l'Université de Paris, *in-12.* 4 vol. 1747. 10 l.

Contes des Fées, par Madame d'Aunoy, *in-12.* 4 vol. *sous presse.*

Cours de Mathématique de M. le Camus, contenant l'Arithmétique, la Géométrie, les Elemens de Mécanique Statique, *in-8.* 4 vol. 24 l.

Cours de Belles Lettres, ou Principes de Littérature, par M. l'Abbé le Batteux, de l'Académie des Inscriptions, *in-8.* 4 vol. 12 l.

Coutume de Paris, par M. le Maître, Avocat au Parlement, *in-fol.* 1. vol. 15 l.

Coutume de la Prevôté & Vicomté de Paris, par M. de Ferrieres, Avocat au Parlement, *in-12.* 2 vol. Nouv. Edit. 1752. 5 l.

Coutumier de Picardie, *in-fol.* 2 vol. 30 liv.

Coutumier de Vermandois, *in fol.* 2 vol. 30 l.

Coutumier général, par M. de Richebourg, Avocat au Parlement, *in-fol.* 4 vol. 120 l.

D

Danse (la) ancienne & moderne, par M. de Cahusac, *in-12.* 3 vol. 6 l.

Démonstration du principe de l'Harmonie, servant de base à tout l'Art Musical théorique & pratique, par Rameau, *in-8.* 1 vol. 1750. 4 l.

——Nouvelles Réflexions du même, *in-8, broché,* 1 l. 4 f.

Réponse à la Lettre de M. Euler, par M. Rameau, *in-8.* broché. 12 f.

Description de la Vessie Urinaire de l'Homme, & & des parties qui en dépendent, par Parsons, *in-12.* 1 vol. 1743. 2 l.

Description de la Ville de Paris, & de tout ce qu'elle contient de plus remarquable, par Germain Brice. Nouv. Edit. 1752. *in-12.* 4 vol. *fig.* 12 l.

Desmographie, ou Description des Ligamens du corps humain, *avec fig.* 1752., *in-8.* 1 vol. par M. Tarin. 3 l.

Description du Cap de Bonne-Espérance, 3 vol. *in-12. fig.* 7 liv. 10 f.

Devoirs de l'homme & du Citoyen, par M. Puffendorff, *in-12.* 2. vol. 5 l.

Dialogues entre Hilas & Philonous, dont le but est de démontrer clairement la réalité & la perfection de l'entendement humain, la nature incorporelle de l'ame, & la Providence immédiate de la divinité. Amsterdam. 1750. 3 l.

Dictionnaire de Medecine, Chirurgie, Pharmacie, Chymie & Botanique; traduit de l'Anglois, de M. James, par M. *** & publié par M. Buffon, Docteur de la Faculté de Médecine de Paris, *in-fol.* 6 vol. *figures.* 160 l.

Dictionnaire Historique & Géographique de Bruzen de la Martiniere, *in-fol.* 6 vol. Edition de Paris, *sous presse.*

Dictionnaire Historique & critique, par M. Bayle. Cinquiéme Edition revue, corrigée & augmentée. Amsterdam. 1734. *in-fol.* 5 vol. 120 l.

Dictionnaire Néologique de Pantalon Phœbus, par un Avocat de Province. Sixiéme Edition., *in-8.* Edition d'Hollande. 3 l.

Dictionnaire Philosophique, ou Introduction à la connoissance de l'homme, *in-8.* 1 vol. 1752. 3 l.

Dictionnaire des Cas de Conscience, par M. Pontas, *in-fol.* 3 vol. 60 l.

Dictionnaire universel de la Langue Françoise, Trevoux, *in-fol* 7 vol. 168 l.

——Supplément *in-fol.* 1 vol. 34 l.

Dictionnaire des Arrêts, ou Jurisprudence universelle des Parlemens de France, par M. Brillon, Avocat au Parlement, *in-fol.* 6 vol. 150 l.

Dictionnaire Anglois de Boyer, augmenté considérablement, *in-4.* 2 vol. 36 l.

Dictionnaire de Droit & de pratique, par M. de Ferriere, nouvelle Edition, *in-4.* 2 vol. *sous presse.*

Directeur (le) dans les voyes du salut sur les principes de Saint Charles Borromée, *in-12.* 2 l. 10 f.

*Direction pour la conscience d'un Roi, *in-8.* 1 vol. broché. 1 l. 16 f.

Discours de piété, sur les plus importans objets de la Religion, ou Sermons pour l'Avent, le Carême, & les principaux Mysteres, *in-12.* 3 vol. Nouvelle Edition 1752. 7 l. 10 f.

Discours prononcés au Parlement de Provence, *in-12.* 3 vol. 7 l. 10 f.

Discours Académiques de M. de Maupertuis, *in-12.* 2 l. 10 f.

Dissertation sur l'origine de la Maladie Venérienne,

pour prouver que le mal n'est pas venu d'Amérique, mais qu'il a commencé en Europe par une Epidémie, *in*-8. 1752. *broché*, 1 liv. 4 f.

Dissertations sur la Glace, ou Explication Physique de la formation de la glace, & de ses phénomenes, par M. Dortous de Mayran. Imprimerie Royale. 1749. 3 l.

Dissertations sur l'Histoire Eccléfiastique & Civile de France, avec des éclaircissemens sur l'Histoire de France, par M. l'Abbé le Beuf, *in*-12. 3 vol. 1743. 7 l. 10 f.

Dissertations & Consultations de Chirac & Sylva, *in*-12. 2 vol. 1744. 5 l.

E

Ecarts de l'Imagination, Epître à M. d'Alembert. *in*-8°. *broché*. 1 l. 16 f.

Ecole de Cavalerie, contenant la connoissance, l'instruction & la conservation du Cheval, avec figures en Taille-douce, par M. la Gueriniere, Ecuyer du Roy, *in fol.* 1 vol. 36 l.

—— La même, *in*-8. 2 vol. 12 l.

Ecole (l') des Arpenteurs; où l'on enseigne toutes les pratiques de Géométrie, qui font nécessaires aux Arpenteurs. Quatriéme Edition. 1732. 2 l. 10 f.

Ecole (l') du monde, ou Instruction d'un pere à son fils, sur la maniere de se conduire dans le monde, par M. le Noble, *in*-12. 4 vol. 8 l.

Elementa Philosophica de Cive, auctore Thom. Hobbes, malmis buriensi. Editio nova Amstelodami. 1742. 3 l.

Elemens de Cavalerie, par M. de la Gueriniere, *in*-12. 2. vol. 5 l.

Elemens de Géometrie de Lanthenée, *in*-12. 1 v. 2 l.

Elemens d'Algebre de Clairault, *in*-8. *fig.* 1 vol. Nouv. Edit. 1753. 5 l.

Elémens de Géométrie, par le même, *in*-8°. 4 l.

Elemens d'Hippiatrique, ou nouveaux Principes sur la connoissance & sur la Medecine des Chevaux, par Bourgelat, Ecuyer du Roi, *in*-8. 3 vol. 15 l.

Elemens de Cosmographie, pour servir d'introduction à la Géographie & à l'Histoire, par M. Buy de Mornas, *in*-12. 1 vol. 1749. 3 l.

Elemens de Musique théorique & pratique, suivant les principes de M. Rameau, par M. d'Alembert, *in*-8. 1 vol. 1752. 4 l.

Elemens de la Poësie Françoise, *in*-12. 3 vol. *petit pap.* 1752. 6 l.

Elemens de la Philosophie de Newton, contenant la Métaphysique, la Théorie de la lumiere, & celle du monde, par M. Voltaire. Nouv. Edit. 1741. 3 l.

Elemens de la Philosophie Moderne, qui contiennent la Pneumatique, la Métaphysique, le Sistême du monde. Ouvrage enrichi de Figures, par Pierre Massuet, *in*-12. 2 vol. Amsterdam. 1752. 7 l.

Elemens de Géométrie de l'infini, suite de 1715. des Mémoires de l'Académie des Sciences, *in*-4. 1 vol. 1717. 14 l.

Elemens du Commerce, *in*-12. 2. vol. 5 l.

Elemens de la jeunesse, par Blegny, *in*-8. 6 l.

Elemens de Géométrie, qui comprennent les Elemens d'Euclide, les Propositions d'Archiméde,

&c. par le P. Lamy de l'Oratoire, *in*-12. *sous presse.*

Elemens de Mathématique, ou Traité sur la grandeur en général, &c. par le même, *in*-12. 2 l. 10 f.

Elévations à Dieu sur tous les Mysteres de la Religion Chrétienne. Ouvrage posthume de Jacques Benigne Bossuet, *in*-12. 1 vol. 1747. 5 l.

Elite de bons mots, *in*-12. 2 vol. 1745. Pensées choisies, Histoires singulieres, & autres petites Pieces, tant en Prose qu'en Vers. 5 l.

Eloquence de la Chaire & du Bareau, selon les principes les plus solides de la Rethorique sacrée & profane, par M. l'Abbé de Bretteville. Troisiéme Edit. 2 l. 10 f.

Encyclopedie, ou Dictionnaire raisonné des Arts & des Sciences, *in-fol.* par souscription.

Entendement humain de M. Locke, *in*-12. 4 vol. 10 l.

Entretiens Mathématiques sur les Nombres, l'Algebre, la Géométrie, la Trigonométrie rectiligne, l'Optique, la propagation de la lumiere, les telescopes, les microscopes, les miroirs, l'ombre, & la perspective, par le P. Regnault, *in*-12. 3 vol. 1743. 7 l. 10 f.

Entretiens Physiques d'Ariste & d'Eudoxe, ou Physique nouvelle en Dialogues, *in*-12. 5 vol. *fig.* 12 l. 10 f.

Epîtres & Evangiles (les) pour tous les Dimanches & Fêtes de l'année, avec des Réflexions chrétiennes & morales, tirées de l'Ecriture Sainte & des SS. PP. *in*-12. 2 vol. 1745. 4 l. 10 f.

Epîtres & Evangiles qui se disent à la Sainte Messe, pendant toute l'année, avec les Oraisons qui font les Collectes, les Secrettes & les post-Communions. Nouv. Edition, par Charles Huré, *in*-12. 1 vol. 1745. 2 l. 5 f.

Epîtres & Evangiles des Dimanches & Fêtes de toute l'année, de l'Avent, du Carême, & des autres grandes Feries, avec des Réflexions, *in*-18. 1 vol. 1732. 1 l. 5 f.

Epîtres & Evangiles de l'année, sçavoir, l'Avent le Carême & les Fêtes, Paris, Muguet, *in*-18. 1 vol. 1 l. 5 f.

Epîtres d'Heloyse à Abelard, traduites de M. Pope, & mises en vers par M. Feutry, *in*-8. 1 v. *broché.* 1 l. 4 f.

Essais sur l'Education de la Noblesse, *in*-12. 2 vol. par M. le Chevalier de ***. 5 l.

Essais sur l'Histoire des Belles Lettres, des Sciences & des Arts, par M. Juvenel de Carleucas, *in*-8. 4 vol. Lyon. 1749. 12 l.

* Essais sur les passions & leurs caracteres, *in*-12. 2 vol. à la Haye. 1747. 5 l.

Essais de Philosophie Morale, de M. de Maupertuis, *in*-8. 1 vol. 1752. 2 l.

Essais de Physique de M. le Ratz de Lanthenée, *in*-8. 1 vol. 1750. 2 l.

Essais sur l'honneur, en forme de Lettres, *in*-12. 1 vol. 1745. 2 l.

Essais sur l'origine des connoissances humaines, par M. l'Abbé de Condillac, 2 vol. Amsterdam. 1746. 4 l.

Essais de Cosmologie, par M. de Maupertuis, *in*-8. 1 vol. 1752. 2 l. 10 f.

Essais de Cosmologie, grand papier. 6 l.

Essais sur la construction & comparaison des Thermometres, sur la communication de la chaleur, & sur les différens degrés de la chaleur des corps, traduit de l'Anglois du Docteur Martine. 1751. 2 l. 10 f.

Essais de Physique, par M. Van Musschenbroek, Professeur de Philosophie & de Mathématique à Utrecht, avec une Description de Machines pneumatiques, in-4. fig. 2 vol. Leyden. 1751. 24 l.

Essai sur l'Homme, de Pope, traduit de l'Anglois, in-12. 1 vol. petit pap. 1753. 2 l.

Essai sur le goût. in-12. 2 l. 10 f.

* Essais de Michel de Montagne, in-12. 10 vol. nouvelle Edition. 24 l.

Essai sur la Police générale des Grains, in-8. broché. 1 l. 4 f.

Esprit (l') de David, ou nouvelle traduction des cent cinquante Pseaumes, par M. le Noble, in-8. 1 vol. 3 l.

— Le même, in-12. 1 vol. 2 l.

Esprit (de l') des Loix, ou du rapport que les Loix doivent avoir avec la constitution de chaque Gouvernement, les mœurs, le climat, la religion & le commerce. Nouv. Edit. augmentée d'une Table des Matieres, & d'une Carte Géographique. A Geneve. 1750. 7 l. 10 f.

Etat du Ciel, par M. Pingré, in-8. broché. 2 l. 10 f.

Etat de la France, dans lequel on voit tout ce qui regarde le Gouvernement Ecclésiastique, par M. le Comte de Boulainvilliers. 1752. in-12. 8 vol. 20 l.

Etudes Militaires, contenant l'exercice de l'Infanterie, avec *fig.* nouv. Edition augmentée du service nouveau in-12. 4 l.

* Examen de deux questions importantes sur le Mariage. Comment la Puissance Civile peut elle déclarer les mariages nuls sans entreprendre sur les droits de la Puissance Ecclésiastique? Quelle est en conséquence l'étendue du pouvoir des Souverains hors les empêchemens dirimans le Mariage? in-4.

Expériences sur l'Electricité, avec quelques conjectures sur la cause de ses effets, par Jalabert, Professeur en Philosophie, in-8. 1 vol. 1749. 3 l.

Expériences & Observations sur l'Electricité faites à Philadelphie en Amérique, par M. Benjamin Franklin, & communiquées dans plusieurs Lettres à M. P. Collinson, de la Société Royale de Londres, in-8. 1 vol. 1752. 3 l.

Explication de divers Monumens singuliers qui ont rapport à la Religion, & à l'Histoire, &c. par le R. P. Dom Jacq. Martin, de la Congrégation de S. Maur, 1739. in-4°. *fig.* 14 l.

Explication de la Regle de S. Benoît, adressée à un Monastere, où l'on suit la mitigation, en quoi elle consiste, & à quoi la Regle oblige, in-12. 1 vol. 1737. 2 l. 10 f.

Explication de la Passion, in 12. 9 vol. ou Traité de la Croix de Notre-Seigneur Jesus-Christ, selon la Concorde, par M. l'Abbé Duguet. 1733. 28 l.

Explication des Découvertes Philosophiques de M. le Chevalier Newton, par M. Maclaurin de la Société Royale de Londres. Ouvrage traduit de l'Anglois, par M. la Virotte, in-4. 1749. 12 l.

Exposition abregée des Loix, in-8. 1 vol. 1752. 5 l.

F

Fables choisies, mises en Vers, par M. de la Fontaine, avec un nouveau Commentaire, par M. Coste, Membre de la Société Royale de Londres, in-12. 2 vol. *avec fig.* 1746. 9 l.

— Les mêmes, in-12. 2 vol. petit pap. *sans fig.* Nouvelle Edition. 1752. 4 l.

*Fable des abeilles, où les fripons devenus honnêtes gens; traduit de l'Anglois, in-12. 4 vol. 10 l.

Floræ Parisiensis Prodromus, ou Catalogue des Plantes qui naissent dans les Environs de Paris, rapportées sous les dénominations modernes & anciennes: & arrangées suivant la méthode sexuelle de Linnœus, par M. Dalibard, in-12. 1 vol. 1749. 2 l. 10 f.

G

Grandeur (de la) & décadence de l'Empire Romain, in-12. 2 l. 10 f.

Génération des Vers dans le corps de l'homme, de la nature & des especes de cette maladie qui les occasionne, par M. Andry, Conseiller du Roi, in-12. 2 vol. 1741. 5 l.

Le Guide des Accoucheurs, in-8. 1 vol. *fig.* par M. Jacques Maynard, ou le Maître dans l'Art d'accoucher les femmes, & de les soulager. 1752. Nouvelle Edition. 5

Géométrie de Clairault, in-8. 1 vol. *fig.* Nouvelle Edition de 1752. 4 l.

Gallia Christiana in Provincias Ecclesiasticas distributa, quâ series & historia Archiepiscoporum, Episcoporum & Abbatum Franciæ vicinarumque Ditionum ab origine Ecclesiarum ad nostra tempora deducitur, & probatur ex authenticis instrumentis ad calcem appositis. 10 vol. *in-fol.* 240 l.

— Le même in-fol. 10 vol. grand pap. 400 l.

Géographie sacrée & historique de l'ancien & du nouveau Testament, ou Introduction à l'Etude de l'Histoire Sainte, par la Géographie, par la chronologie, par des principes & observations sur cette Histoire, in 12. 3 vol. *reliés en 2.* 1747. 5 l.

Grammaire Géographique, ou analyse exacte & courte du Corps entier de la Géographie moderne, in-8. 1 vol. 1747. Ouvrage traduit de l'Anglois de M. Pol Gordon, sur la seizième Edition, & augmentée considérablement. 4 l. 4 f.

H

Heisterii Institutiones Chirurgicæ, in quibus quidquid rem Chirurgicam pertinet optimâ & novissimâ ratione pertractatur opus quadraginta ferè annorum, in-4. 2 vol. *fig.* Geneve. 1750. 24 l.

Histoire de l'Académie Royale des Sciences, avec les Mémoires de Mathématique & de Physique, depuis son établissement en 1666. jusqu'en 1750. inclusivement, in-4. 84 vol. *fig.* qui se vendent séparément. 12 l. *en feuilles.*

Histoire de l'Académie Royale des Inscriptions & Belles Lettres, depuis son établissement, jusqu'à présent, avec des Mémoires de Littérature, tirés des Registres de cette Académie, depuis son renouvellement, jusqu'à 1748. *in*-4. 20 vol. Paris. Imprimerie Royale. Chaque vol. 11 l. *en feuilles.*
—— On vend cet Ouvrage 2 volumes à 2 volumes.
Histoire Universelle, sacrée & profane, depuis le commencement du monde, jusqu'à nos jours, par Dom Augustin Calmet, *in* 4. 8 vol. Strasbourg. 96 l.
Histoire Universelle, par une Société de Gens de Lettres, traduite de l'Anglois, &c. *in*-4. 14 vol. 196 l.
Histoire Universelle de Bossuet, ou Discours sur l'Histoire Universelle, dédié à Monseigneur le Dauphin, *in*-12. 2 vol. Nouvelle Edition. 5 l.
—— La même, *in*-4. 1 vol. grand papier. 15 l.
L'Histoire Ecclésiastique de M. l'Abbé Fleury, *in*-4. 36 volumes. 216 l.
—— La même, *in*-12. 36 vol. 108 l.
Histoire de l'Eglise, par M. l'Abbé de Choisy, *in*-4. 11 vol. 66 l.
—— La même, *in*-12. 11 vol. *sous presse.*
Histoire du Peuple de Dieu, *in*-12. 10 vol. par le Pere Isaac-Joseph Berruyer, de la Compagnie de Jesus. 25 l.
—— La même *in*-4. 8 vol. 80 l.
Histoire des Plantes qui naissent aux environs de Paris, avec leur usage dans la Medecine, *in*-12. 2 vol. par M. Tournefort. Seconde Edition. 5 l.
*Histoire du Systême des Finances, sous la minorité de Louis XV. pendant les années 1719. 1720. précédée d'un Abregé de la Vie du Duc Régent, *in*-12. 6 vol. 1739. 15 l.
Histoire de Pierre I. surnommé le Grand Empereur de toutes les Russies, *in*-4. *fig. & Carte.* Edition d'Hollande. 12 l.
* Histoire Civile du Royaume de Naples, par Giannone, *in*-4. 4 vol. 60 l.
Histoire & Mémoires de Christine, Reine de Suede, *in*-4. 2 vol. 1752. 24 l.
Histoire d'Angleterre, par Rapin Thoiras, *in*-4°. 16. vol. 150 l.
* Histoire de Louis XIII. de le Vassor, *in*-12. 18 54 l.
—— La même, *in*-4. 6 vol. *sous presse.*
Histoire de la Pairie de France, *in*-12. 2 vol. 4 l.
Histoire Genéalogique des Rois de France, *in-fol.* 9 vol. Grand pap. 260 l.
—— La même, *idem*, petit papier. 150 l.
Histoire Litteraire de la France, où l'on traite de l'origine & du progrès, de la décadence & du rétablissement des Sciences, parmi les Gaulois & les François, par des Religieux Benedictins de la Congrégation de S. Maur, *in*-4. 9 vol. 90 l.
La suite *sous presse.*
Histoire de Giblas de Santillane, par M. le Sage, *in*-12. 4 vol. 10 l.
Histoire Romaine de Tite - Live, traduite par M. Guerin, Profes. de l'Université, *in*-12. 10 vol. 25 l.

Histoire générale des Cérémonies, Mœurs & Coûtumes religieuses de tous les Peuples du monde, représentées en deux cent soixante - une Planches dessinées par Picard, 7 vol. *in-fol.* 200 l.
—— La même grand papier, 300 l.
—— La même Edition d'Hollande, *in-fol.* 9 vol. 300 l.
—— La même Edition d'Hollande, grand pap. 450 l.
—— Les volumes des Editions de Hollande se vendent séparément.
Histoire universelle de M. de Thou, *in*-4. 16 vol. 200 l.
—— La même *in*-4. grand papier. 180 liv.
Histoire des Guerres d'Italie de François Guichardin, Londres, *in*-4. 3 vol. 30 l.
—— La même *in*-4. grand papier. 40 l.
Histoire de l'Empire Ottoman, par le Prince Cantimir, traduit par M. de Jonquiere, *in*-4. 2 vol. en un. 10 l.
—— La même *in*-12. 4 vol. 10 l.
Histoire d'Espagne, traduite de l'Espagnol de Ferreras, *in*-4. 10 vol. 120 l.
Histoire des Découvertes des Portugais, *in*-4. 2 vol. Hollande. 24 l.
Histoire & Déscription générale de la nouvelle France, par le P. Charlevoix de la Compagnie de Jesus, 3 vol. *in*-4. *fig.* 30 l.
—— La même *in*-12. 6 vol. 18 l.
Histoire generale du Paraguay, par le même *in*-4. & *in*-12. *sous presse.*
Histoire générale du Japon, par le P. Charlevoix de la Compagnie de Jesus, *in*-12. 6 vol. 15 l.
* Histoire critique de la Philosophie, par M. Deslandes, *in* 12. 4. vol. 12 liv.
—— Le Supplément. 3 l.
Histoire du Concile de Pise, par M. Lenfant, Utrecht, *in*-4. 2 vol. 15 l.
—— Le même *in*-4. grand papier. 21 l.
Histoire de la Guerre des Hussites & du Concile de Basle, Utrecht, *in*-4. 2 vol. 15 l.
—— Le même grand papier. 21 l.
Histoire des Parlemens de France de M. Boulainvilliers, *in*-12. 3 vol. 6 l.
Histoire des Chevaliers de Malthe, par M. l'Abbé de Vertot, *in* 4. 4. vol. 70 l.
—— Le même *in*-12. 7 vol. 18 l.
Histoire des Flibustiers & Pirates Anglois, *in*-12. 4. vol. *fig.* 10 l.
Histoire de Polybe, traduite du Grec, par Dom Vincent Thuillier, avec le Commentaire du Chevalier Folard, *in*-4. 6 vol. *fig.* 80 l.
Histoire de Dom Quichotte de la Manche, traduite de l'Espagnol de Miguel de Cervantes, *in*-12. 6 vol. 15 l.
Histoire de Louis XIV. 18 années de Régne lesquelles n'ont point encore parues dans aucun Ouvrage, par M. Pelisson, *in*-12. 3 vol. 7 l. 10 s.
Histoire de l'Empereur Charles VI. contenant ce qui s'est passé de plus mémorable dans l'Europe, depuis sa naissance jusqu'à sa mort, par M. Lalande, *in*-12. 6 vol. 18 l.

Hiſtoire de Louis de Bourbon, ſecond du nom, Prince de Condé & premier Prince du Sang, contenant ce qui s'eſt paſſé en Europe depuis 1640. juſqu'en 1686. par M. Coſte, *in-4.* 2 vol. en un. 9 l.

Hiſtoire des Comtes de Champagne, *in-12.* 2. vol. *reliés en un.* 3 l.

Hiſtoire du Roi de Pruſſe, *in-12.* 2 vol. 1740. 5 l.

Hiſtoire du Cardinal Mazarin, par Aubery, Avocat au Parlement *in-12.* 4 vol. 1751. 10 l.

Hiſtoire de Suger, Abbé de S. Denis, *in-12.* 3 vol. 7 l. 10 ſ.

Hiſtoire de Tom Jones, *ou* l'Enfant trouvé, traduit de l'Anglois de M. Fielding, par M. de la Place, *in-12.* 4 vol. *fig.* 11 l.

Hiſtoire de la Juriſprudence Romaine, par M. Terraſſon, ſervant de ſuite aux Loix Civiles, *in-fol.* 1 vol. 18 l.

Hiſtoire du Droit François Eccléſiaſtique, *in-12.* 2 vol. 6 l.

Hiſtoire de la conjuration de Catilina, *in-12.* 1 vol. 3 l.

Hiſtoire de la Jamaïque, traduite de l'Anglois, par M. ***. ancien Officier de Dragons, *in-12.* 2 vol. Londres. 1751. 4 l. 10 ſ.

Hiſtoire Navale d'Angleterre, depuis la Conquête des Normands en 1066, juſqu'à la fin de l'année 1734. Traduite de Thomas Lediard, *in-4.* 3 vol. Lyon. 1751. 36 l.

Hiſtoire naturelle, générale & particuliere, avec la Deſcription du Cabinet du Roi, par Mrs de Buffon & Daubenton, de l'Académie Royale des Sciences, *fig. in-4.* 4 vol. Imprimerie Royale. 56 l.
— La même, *in-12.* 9 vol. *fig.* 25 l. 10 ſ.
— La ſuite *ſous preſſe.*

Hiſtoire du Parlement d'Angleterre, *in-8.* 2 vol. 1752. Londres. 5 l.

Hiſtoire des Tremblemens de Terre arrivés à Lima, Capitale du Perou & autres lieux, avec la Deſcription du Perou, *in-12.* 1 vol. *fig.* à la Haye, 1752. 3 l.

Hiſtoire du Stadhouderat, depuis ſon origine, juſqu'à préſent, *in-8.* 2 vol. 1750. 5 l.

Hiſtoire Sainte, ſelon l'ordre des tems, depuis la création du monde, juſqu'à Jeſus-Chriſt *in-12.* 2 vol. 1735. 5 l.

Hiſtoire du Détrônement d'Alphonſe VI. Roi de Portugal, précédée d'un Abrégé de l'Hiſtoire de ce Royaume, traduite de l'Anglois. 1752. 4 l.

Hiſtoire ſecrete des Amours d'Henry IV. Roi de Caſtille, ſurnommé l'Impuiſſant. A la Haye. 2 l.

Hiſtoire du Prince Eugene, *in-12.* 5 vol. *fig.* 12 l. 10 ſ.

Hiſtoire de France de Mezeray *in-4.* 4 vol. 48 l.
— La même *in-12.* 14 vol. 36 l.

Hiſtoire de France du Pere Daniel, revûe & augmentée par le Pere Griffet, *in-4. ſous preſſe.*

Homelies ſur les Evangiles de tous les Dimanches de l'année, ſur la Paſſion & les Myſteres de N S. J. C. & de la Sainte Vierge, par M. de Montmorel, *in-12.* 10 vol. 25 l.

Horæ diurnæ Fratrum Beatæ Virginis Mariæ, de Monte Carmeli, in-18. Pariſiis. 1733. 2 l.

Idée du Sacerdoce & du Sacrifice de J. C. par un Prêtre de l'Oratoire, *in-12. ſous preſſe.*

Idée de la Religion Chrétienne, où l'on explique ſuccinctement tout ce qui eſt néceſſaire pour être ſauvé, *in-12.* 1 vol. *fig.* 2 l. 10 ſ.
— Le même, *ſans fig.* 2 l.

Imitation de Jeſus-Chriſt, en forme de prieres, avec une Table, pour la lire tous les Dimanches & principales Fêtes de l'année. Nouv. Edit. 1740. 2 l.
— La même, *in-24.* 1 vol. 1 l. 4 ſ.

Imitation (L') de Jeſus-Chriſt, par Choiſy, *in-12.* 1 vol. Troiſiéme Edition. 2 l.

Imitation (L') de Jeſus-Chriſt, traduite & paraphraſée en Vers françois, par Pierre Corneille, Conſeiller du Roi, Edit. nouv. retouchée par l'Auteur, avant ſa mort. 1751. 2 l. 10 ſ.

Imitatio Chriſti, *in-24.* 1 vol. ou l'Imitation de Jeſus-Chriſt, en Latin. Edit. de Grenoble. 1753. 1 l. 4 ſ.

Inſtitutes Coutumieres de M. Loiſel, avec des renvois aux Ordonnances de nos Rois, par M. de Lauriere, *in-12.* 2 vol. 5 l.

Inſtitutions au Droit François d'Argou, *in-12.* 2 vol. 6 l.

Inſtitutions de Medecine de M. Herman Boerhaave, ſeconde Edition, avec un Commentaire, par M. de la Metrie, Docteur en Medecine, *in-12.* 8 vol. 20 l.

Introduction à l'Hiſtoire générale & politique de l'Univers, par M. le Baron de Pufendorff, *in-12.* 11 vol. Amſterdam. où l'on voit l'origine, les révolutions, l'état préſent, & les intérêts des Souverains. 33 l.

Introduction à la vie intérieure, *in-8.* 2 vol. 7 l.

Introduction à la Philoſophie, contenant la Métaphyſique & la Logique, par G. J. S. Graveſande, traduite du Latin, *in-8.* Leyde. 1747. 3 l.

Introduction à la Géographie des Sieurs Samſon Géographes du Roi, quatriéme Edition augmentée par M. Robert, Géographe ordinaire du Roi, *in-12.* 1 vol. 1743 3 l.

Inſtructions Chrétiennes ſur les ſouffrances, par M. l'Abbé ***. *in-12.* 1 vol. 1 l. 5 ſ.

Inſtruction Paſtorale de M. l'Evêque de Grenoble, *in-4.* 2 vol. 27 l.

Journal des Saints, avec une Méditation du Saint ou d'une Maxime de l'Evangile, augmentée des Méditations ſur tous les Evangiles du Carême, par le P. Groſſez, *in-12.* 3 vol. 1740. 7 l. 10 ſ.

Journal des principales Audiences du Parlement, avec les Arrêts qui y ont été rendus, & pluſieurs Queſtions & Réglemens placés ſelon l'ordre des Temps, depuis 1711. juſqu'en 1717. Tom. VI. par M. Duchemin, Avocat au Parlement. 24 l.
— Le Tome 7 *ſous preſſe.*

Journal du Voyage fait par ordre du Roi à l'Equateur, ſervant d'introduction hiſtorique à la meſure des trois premiers degrés du Méridien, *in-4.* 2 vol. par M. de la Condamine. Imprim. Royale. 1752. 24 l.

Journal du Palais, ou Recueil des principales Décisions de tous les Parlemens & Cours Souveraines de France, in-fol. 2 vol.   40 l.

Journal du Voyage de Siam, par M. l'Abbé Choisy, in-12.   2 l. 10 s.

Jugement de l'Académie Royale des Sciences & Belles Lettres de Prusse, sur une Lettre prétendue de M. Leibnitz, in-8. 1 vol. Berlin. 1752.   2 l.

L

La Portune, Histoire critique, par M. D*** in-8. 1 vol. 1752.   2 l.

La science parfaite des Négocians, par la Porte, in-8. oblong.   5 l.

La science parfaite des Notaires, par M. de Ferriere, nouvelle Edition considérablement augmentée, in-12. 2 vol.   18 l.

La Journée du Chrétien, sanctifiée par la priere & la méditation, in-12. 1 vol.   2 l. 10 s.

—— La même, in-18. 1 vol.   1 l. 10 s.

—— La même, in-24. Paris. 1752.   15 s.

La Religion, Poëme, par M. Racine, de l'Académie Royale des Inscriptions & Belles Lettres. Sixiéme Edition. 1751.   2 l.

Lettres de S. Jerôme traduites en François, avec des notes très exactes, par Dom Roussel, Benedictin, in-12. 4 vol.   10 l.

Lettres d'Osman, in 12. 3 vol. brochés.   4 l. 10 s.

Lettres de Rousseau, sur différens sujets de Litterature, in-12. 5 vol. Geneve. 1750.   10 l.

Lettres & Mémoires du Baron Pollnitz, in-12. 5 vol.   12 l. 10 s.

Lettres sur la Mineralogie & la Metallurgie pratiques, traduit de l'Anglois de M. Diederien Wessel-Linden, in-8. 1 vol. 1752.   2 l.

Lettres à M. de Jean, Docteur Regent de la Faculté de Medecine en l'Université de Paris. 1°. sur les Maladies de S. Domingue. 2°. sur les Plantes de la même Isle. 3°. sur le Remora & les Halcyons, par M. Chevalier, in-8. 1 vol. 1752.   2 l.

Lettres Historiques & Galantes de Madame Dunoyer, contenant différentes Histoires, Avantures, Anecdotes curieuses & singulieres, in-12. 6 vol. Londres. 1741.   15 l.

*Lettres Persannes, in-12. 1 vol. Cologne 1744. 2 l. 10 s.

Lettres sur le Théâtre Anglois, avec une Traduction de l'Avarre, Comédie de M. Shadier II. & de la Femme de Campagne, Comédie de M. Wicherley, in-8. 2 vol. 1752.   5 l.

* Lettres sur l'Histoire, par Henry Saint-Jean, Lord Vicomte Bolingbroke, traduit de l'Anglois, in-8. 2 vol. 1752.   6 l.

Lettres de M. de Maupertuis, in-12.   2 l. 10 s.

Lettres sur la Comete, in-12. 1 vol. 1742.   2 l.

Lettres Angloises, ou Histoire de Miss Clarisse Harlove, in-12. 12 parties brochées. 1751. Londres,   21 l. 12 s.

Lettres du Cardinal d'Ossat, in-12 5 vol.   12 l. 10 s.

Lettres de Madame de Sévigné à Madame de Grignan sa fille, nouv. Edition considérablement augmentée, in-12, 8 vol.   20 l.

Lettres de Madame de Sévigné à Madame de Grignan sa fille, in-12. petite forme,   18 l.

—— Supplément extrait des 8 vol. in-12.   5 l.

Lettre d'un François, par M. l'Abbé le Blanc. Nouv. Edition, revûe, corrigée & augmentée, in-12. 3 vol.   7 l. 10 s.

Le Calendrier des Jardiniers, qui enseigne ce qu'il faut faire dans le Potager, dans les Pepinieres, dans les Serres & dans les Jardins de Fleurs tous les mois de l'année, traduit de l'Anglois de M. Bradley, in-12. 1 vol. fig. 1750.   2 l. 10 s.

Le Droit commun de la France, in-fol. 2 vol.   40 l.

Les deux Cousines, ou le Mariage du Chevalier de *** Constantinople. 1743.   2 l.

Les Loix Ecclésiastiques de France dans leur ordre naturel, & une Analyse des Livres du Droit Canonique, conférés avec les Usages de l'Eglise Gallicane, par M. d'Hericourt, in-fol. 1 vol. 1747.   24 l.

Les Loix des Bâtimens en ce qui concerne les servitudes réelles, les Rapports des Jurés Experts, les Réparations locatives, &c. par M. Desgodets, avec les notes de M. Goupy, in-8.   5 l.

L'Infortuné Napolitain, ou les Avantures du Seigneur Rofelli, qui contiennent l'Histoire de sa naissance, de son esclavage, de son état monastique, & des différentes figures qu'il a faites, tant en Italie, qu'en France & en Hollande, in-12. 2 vol. Nouvelle Edition. 1747.   5 l.

Le Livre des Comptes faits, ou Tarif général de toutes les Monnoyes, tant anciennes que modernes, par M. Barrème; in-12.   2 l. 10 s.

Le Livre nécessaire, ou Tarif général des Comptes des Changes & Divisions toutes faites, par le même, in-12.   2 l. 10 s.

Logique, ou l'Art de penser, par le Pere Regnault, de la Compagnie de Jesus, in-12.   2 l.

Loix Civiles dans leur ordre naturel, nouv. Edition augmentée, in-fol. 1 vol.   24 l.

M

Maladies des Yeux, par M. Herman Boerhaave, à quoi l'on a joint ses leçons sur la Pierre, quelques descriptions de maladie, traduit du Latin, in-12. 1 vol. 1749.   2 l. 10 s.

Maximes générales sur les Tailles, Aydes & Gabelles de France, tirées des Ordonnances, Edits, Déclarations, Arrêts & Reglemens, in-12. 1 vol. 1715.   2 l. 10 s.

Maximes journalieres du droit françois, rangées par ordre alphabetique, pour l'usage & la commodité des commençans, par M. Boucher d'Argis, Avocat, in-4. 1 vol. Paris. 1749.   7 l. 10 s.

Medecine (la), la Chirurgie & la Pharmacie des Pauvres, par M. Philippe Hequet, Docteur Regent, & ancien Doyen de la Faculté de Medecine de Paris. Nouv. Edit. revûe, corrigée & augmentée, in-12. 4 vol. 1749.   9 l.

Mélanges d'Histoire de Littérature, par M. Vigneul Marville, in-12. 3 vol. Quatriéme Edition augmentée par M*** sous presse.

Maître

Maitre (le) Italien, pour apprendre facilement la Langue Italienne, par Veneroni, *in*-12. 2 l. 10 f.

Maladies occafionnées par les promptes & fréquentes variations de l'air, par M. Raulin, *in*-12. 2 l. 10 f.

Maximes fur les Infinuations, *in*-12. 2 l. 10 f.

Méditations fur les Evangiles, Ouvrage pofthume de Meffire Jacques Benigne Boffuet, Evêque de Meaux, *in*-12. 4 vol. Nouvelle Edition. 1752. 10 l.

Mélanges de Littérature d'Hiftoire & de Philofophie, par M. d'Alembert, *in*-12. 2 vol. 1753. 6 l.

Mémoires & Hiftoire de l'Académie Royale des Sciences *in*-4. *fig.* depuis 1666. jufqu'en 1750. chaque vol. fe vend féparément 12 liv. *en feuilles.*

Mémoires & Hiftoire de l'Académie Royale des Infcriptions & Belles Lettres *in*-4. 20 vol. chaque volume fe vend 12 liv. *en feuilles.*

* Mémoires de Mademoifelle de Montpenfier, *in*-12. 7 vol. Londres. 1746. 15 l.

* Mémoires du Marquis de Langallery, Lieutenant Général des Armées de France, & Général Feld Maréchal Lieutenant au fervice de l'Empereur Charles VI. Hiftoire intéreflante. 1743. 2 l. 10 f.

Mémoire fur l'Inoculation de la petite Vérole, par M. de la Condamine, *in*-12. *broché*, 15 f.

* Mémoires & Lettres pour fervir à l'Hiftoire de la Vie de Mademoifelle de Lenclos, *in*-12. 1 vol. A Rotterdam. 1751. 2 l.

Mémoires de Mathématique & de Phyfique, préfentés à l'Académie Royale des Sciences, par divers Sçavans, & lûs dans fes Affemblées, *in*-4. 1 vol. *fig.* Imprimerie Royale. 1750. 14 l.

Mémoires pour fervir à l'Hiftoire d'un genre de Polypes d'eau douce à bras, en forme de corne, par M. Trembley, *in*-8. 2 vol. 1744. Effais fur l'Hiftoire naturelle du Polype, par Henry Beker, *in*-8. 1 vol. *fig.* 1744. Traité d'Infectologie, ou Obfervations fur quelques efpeces de vers d'eau douce, par M. Bonet, *in*-8. 2 vol. 1744. 15 l.

Mémoires, pour fervir à l'Hiftoire des Infectes, par M. de Reaumur, de l'Académie Royale des Sciences, *in*-4. 6 vol. 1737. 56 l.

Mémoires de Meffire Martin Dubellay, *in*-12. 7 v. 18 l.

Mémoires pour fervir à l'Hiftoire du Nivernois & d'Onziois, avec des Differtations, par M. Neé de la Rochelle, Avocat au Parlement. 1747. 2 l. 10 f.

Mémoires concernant l'Hiftoire Eccléfiaftique & Civile d'Auxerre, *in*-4. 2 vol. par M. l'Abbé le Beuf, Chanoine & Soû-Chantre de l'Eglife Cathédrale de la même Ville, *in*-4. 2 vol. 1743. 24 l.

Mémoires fur différens fujets de Mathématique, par M. Diderot, *in*-8. 1 vol. 1749. 5 l.

* Mémoires de M. l'Abbé de Montgon, publiés par lui-même, contenant les différentes Négociations dont il a été chargé dans les Cours de France, d'Efpagne & de Portugal, depuis 1725. jufqu'à préfent, *in*-12. 6 vol. 1750. 15 l.

Mémoires Hiftoriques, Politiques & Militaires de l'Europe depuis l'élevation de Charles-Quint au Thrône de l'Empire, jufqu'à la paix d'Aix-la-Chapelle en 1748. par M. l'Abbé Raynal, *in*-12. 3 vol. 7 l. 10 f.

Mémoires de Condé fervant d'éclairciffement à l'Hiftoire de M. de Thou, remplis de piéces curieufes qui n'ont jamais été imprimées, dirigées par M. Secouffe de l'Académie des Infcriptions, *in*-4. 5 vol. 60 l.

—— Le même grand papier. 80 l.

Mémoires de Philippes de Commines, par Godefroy, augmentés d'un tiers, par M. l'Abbé Langlet du Frefnoy, *in*-4. 4 vol. 40 l.

—— Les mêmes grand papier. 60 l.

Mémoires de M. de la Roche-Foucauld, *in* 12. 2 vol. petite forme. 4 l. 10 f.

Mémoires de Montecucully, Généraliffime des Troupes de l'Empereur, fur l'Art Militaire, *in*-12. 2 vol. en un. 3 l.

Mémoires de Meffire Blaife de Montluc, Maréchal de France, *in*-12. 4 vol. 10 l.

Mémoires pour fervir à l'Hiftoire d'Anne d'Autriche, Epoufe de Louis XIII. par Madame de Motteville, *in*-12. 6 vol. 12 l.

Mémoire du Comte de Forbin, Chef d'Efcadre, Chevalier de l'Ordre Militaire de S. Louis, *in*-12. 2 vol. 4 l.

Mémoire de Maximilien de Bethune, Duc de Sully, *in*-12. 8 vol. 20 l.

—— Le même *in*-4. 3 vol. 30 l.

Mémoire de la Colonie, *in*-12. 2 vol. 5 l.

Mémoires de Brandebourg, nouv. Edition avec des Cartes, *in*-12. 2 vol. 5 l.

Mémoires fecrets de la République des Lettres, *in*-12. 6 vol. 15 l.

Mémoires d'un homme de qualité, nouvelle Edition, revûe & augmentée par M. l'Abbé Prevoft, *in*-12. 8 vol. 18 l.

Mémoires de Saldaigne, *in*-12. 2 vol. 4 l.

Meffe (la) des Fidels, avec une explication hiftorique & dogmatique du *Sacrifice de la Sainte Meffe,* & des pratiques de piété, par M. l'Abbé Lenglet Dufrefnoy, *in*-12. 1 vol. 1741. 2 l. 10 f.

Métamorphofes (les) d'Ovide, avec de nouvelles explications à la fin de chaque Fable, par M. Duryer, *in*-12. 4. vol. *fig.* 10 l.

—— Les mêmes, par M. l'Abbé Bannier, *in*-12. 3 vol. *fous preffe.*

Méthode du Blafon du P. Meneftrier, *in*-12. 2 l. 10 f.

Méthode pour la mefure des Surfaces, la dimenfion des folides, leur centre de pefanteur, de percuffion, & d'ofcillation, par l'application du calcul intégral, par M. Carré, *in*-4. 1 vol. 1750. 9 l.

Méthode abregée & facile pour apprendre la Géographie, où l'on décrit la forme du Gouvernement de chaque Pays, fes qualités, les mœurs de fes Habitans, & ce qu'il y a de plus remarquable, *in*-12. 1 vol. Nouvelle Edition. 1751. 3 l.

Méthode de traiter les playes d'armes à feu, par M. Jean Ramby, premier Chirurgien du Roi d'Angleterre de la Société R. de Londres. Paris. 1745. 2 l.

Miffel (le) Romain, *in*-fol. veau doré. 24 l.

Mexique (le) conquis, *in*-8. 2 vol. Paris. 1752. 5 l.

* Monde (le) enchanté, avec un Traité des Démons, par M. Becker, *in*-12. 5 vol. 15 l.

N

Narcisse, ou l'Amant de lui-même. Comédie, *in*-8. 1753. *brochée*. 1 l. 4 f.

Novirius, seu Dictionarium Latino-Gallicum, *in*-4. 2. vol. 18 f.

Négociations de M. le Comte d'Avaux, en Hollande, depuis 1679. jusqu'à 1687, *in*-8. 6 vol. 15 l.

Nouveau Commentaire sur la Coûtume de la Prevôté & Vicomté de Paris, par M. de Ferrieres, *in*-12. 2 vol. 5 l.

Nouveau Traité de la Civilité qui se pratique en France, parmi les honnêtes gens, par Courtin, *in*-12. 1 vol. 1750. 2 l. 10 f.

—— de la Paresse, par le même, *in*-12. 1 vol. 3 l.

—— de la Jalousie, par le même, *in*-12. 2 l. 10 f.

—— du Point d'honneur *in*-12. 1 vol. 2 l. 10 f.

Nouveaux Essais de Physique de M. le Ratz de Lanthenée, *in*-8. 1 vol. *broché*. 1751. 2 l.

Nouveau (le) Testament de N. S. J. C. traduit en François, selon la vulgate, avec le Latin à côté, par le P. Bouhours, *in*-12. 2 vol. Nouv. Edit. revûe, corrigée & augmentée. 1741. 6 l.

—— Le même, *in*-12 1 vol. tout François. *sous presse*.

—— Le même, *in*-18. 2 vol. *sous presse*.

Nouveau (le) Testament de N. S. J. C. nouvellement traduit en François, selon la vulgate, par Charles Huré, *in*-12. 1 vol. 1727. 3 l.

Novum Jesu-Christi Testamentum vulgatæ Editionis, Sixti V. Pont. Max. jussu recognitum atque editum. 1740. 1 l. 10 f.

Nouveau (le) parfait Maréchal, avec un Dictionnaire des termes de Cavalerie, avec figures, par M. de Garsault, *in*-4. 10 l.

Nouveau Recueil des plus beaux secrets de Médecine pour la guérison de toutes sortes de maladies, par M. Lemery, *in*-12. *sous presse*.

Nouvelle Méthode contenant en abregé tous les principes de la Langue Italienne, par M. Bertera, *in*-12. 3 l.

Nouvelle (la) Pratique Civile, Criminelle & Bénéficiale, ou le nouveau Praticien François, par M. Lange, *in*-4. 2 vol. 18 l.

Nouvelle Méthode pour pomper le mauvais air des Vaisseaux, par Samuel Sutton, avec une dissertation sur le Scorbut, par le Docteur Mead. Ouvrage traduit de l'Anglois, par M. Lavirotte, *in*-12. 1 vol. *fig*. Paris. 1749. 2 l. 10 f.

Nouvelles découvertes touchant la culture & la multiplication des Arbres, des Arbustes, par M. Agricola, *in*-8. 2 vol. *fig*. d'Hollande. 9 l.

Nouvelles Réflexions de M. Rameau sur sa démonstration du principe de l'Harmonie, servant de base à tout l'Art musical, théorique & pratique *in*-8. 1 vol. 1752. 4 l.

Nouvelles Tables Loxodromiques, ou application de la théorie de la véritable figure de la terre à la construction des Cartes Marines, réduites par M. Murdoch, traduit de l'Anglois par M. Bremon, *in*-8. 1 vol. 1742. 4 l.

O

Observations de Médecine, par M. Raulin, *in*-12. 2 l. 10 f.

Observations sur les Plantes, par M. Guetard, Docteur en Medecine, *in*-12. 2 vol. *fig*. 1747. 5 l.

Observations sur les Romains, par l'Abbé Mably, *in*-12. 2 vol. 1751. A Geneve. 4 l. 10 f.

—— Sur les Grecs, par le même, *in*-12. 2 vol. 5 l.

* Œconomie de la Vie humaine, Ouvrage traduit en François sur la Traduction Angloise du Manuscrit Indien, d'un ancien Bramine, *in*-8. 1 vol. Edimbourg. 1752. 2 l.

Œuvres de Pallu.

—— Amour de Dieu, *in*-12, 1 vol. 2 l.

—— Charité du prochain, *in*-12. 2 l.

—— Dévotion a la Sainte Vierge, *in*-12. 1 l. 16 f.

—— Fins de l'Homme, *in*-12. 2 l.

—— Nécessité du Salut, ses obstacles, & ses moyens. *in*-12. 2. l.

—— Réflexions sur la Religion Chrétienne, *in*-12. 2 l.

—— De la connoissance de l'amour de Notre Seigneur Jesus-Christ, *in*-12. 1 vol. *sous presse*.

—— De l'Imitation de J. C. *in*-12. *sous presse*.

—— Ses Sermons, 6 vol. *in*-12. 15 l.

—— La Retraite, *in*-12. 1 vol. 2 l.

—— Usage des Sacremens, *in*-12. 2 l.

Œuvres Spirituelles de Feu M. François de Salignac de la Mothe Fenelon, *in*-12. 4 vol. Nouv. Edit. 1752. 10 l.

Office (l') de la Semaine Sainte, en Latin & en François, à l'usage de Rome & de Paris, suivant le nouveau Breviaire, *in*-18. 1 vol. 1743. 2 l.

Office (l') de la Semaine Sainte, par Courval, *in*-12. 1 vol. 2 l. 10 f.

Office (l') de la Semaine Sainte en Latin & en François, à l'usage de Rome & de Paris, suivant le nouveau Breviaire, avec les sept Pseaumes de la Pénitence, les Litanies des Saints, les Prieres pour la Confession & Communion, *in*-12. 3 vol. 1742. 2 l. 10 f.

Office de la Vierge, pour tous les tems de l'année, avec un Exercice pendant la Messe, des Prieres pour la Confession & Communion, les Litanies de la Sainte Vierge, les sept Pseaumes de la Pénitence, les Litanies des Saints, & Prieres pour la rémission des péchés, *in*-32. 1 vol. 1747. 15 f.

Opuscules de M. Bossuet, Evêque de Meaux, *in*-12. 5 vol. 1751. 12 l. 10 f.

Oriens Christianus in quatuor Patriarchatus digestus, quo exhibentur Ecclesiæ Patriarchæ cæterique Præsules totius Orientis studio & operâ R. P. F. Michaelis le Quien, morino Boloniensis Ordinis Fratrum Prædicat. opus posthumum, *in*-fol. 3 vol. P, P. 69. l.

—— Le même, *idem*, grand pap. 1740. 108 l.

Ordinaire de la Messe, avec les Vêpres, les Complies, les sept Pseaumes de la Pénitence, les Litanies des Saints, du S. Nom de Jesus, de la Sainte Vierge, & Prieres pour la rémission des péchés, *in*-32. 1 vol. 1750. 12 f.

Œuvres diverses de M. d'Arnaud, de l'Académie des Sciences & Belles Lettres de Berlin, dédiées au Roi de Prusse, *in*-12. 3 vol. p. p. 1751. A Berlin. 7 l. 10 s.

— De l'Abbé de Chaulieu, nouvelle Edition augmentée d'un grand nombre de Pieces qui n'étoient point dans les précédentes, & corrigée dans une infinité d'endroits sur des copies authentiques, par M. de Saint Mard, *in*-12. 2 vol. 1750. 5 l.

Œuvres de M. de Saint-Evremond, avec la Vie de l'Auteur, par M. de Maiseaux, Membre de la Société Royale. Nouv. Edit. *in*-12. 12 vol. p. p. 1752. 24 l.

— d'Etienne Pavillon, de l'Académie Françoise, considérablement augmentées dans cette nouvelle Edition, *in*-12. 2 vol. petit pap. contenant les Ouvrages en Prose, & les Ouvrages mêlés de Prose & de Vers. Amsterdam. 1750. 4 l.

— De Boileau, *in*-8. 5 vol. Nouvelle Edition, avec des éclaircissemens donnés par lui-même, & redigés par M. Brossette. 25 l.

— Les mêmes, *in*-12. 3 vol. p. p. avec des Notes. 6 l.

— Les mêmes, *in*-4. 2 vol. *sans fig.* 24 l.

— D'Hamilton, *in*-12. 6 vol. petit pap. contenant les Mémoires de Grammont, 2 vol. Fleur d'épine, le Bellier, les quatre Fracardins & les Œuvres mêlées. 12 l.

Œuvres de Racine le pere, contenant ses Tragédies, *in*-4. *fig. sous presse.*

— Les mêmes *in*-12. 3 vol. 6 l.

— De Racine, le Fils, *in*-12. 6 vol. petit papier, contenant la Religion, *in*-12. 1 vol. Les Œuvres, 3 vol. Le Recueil des Lettres & les Mémoires sur la Vie de Racine, *in*-12. 2 v. Lausanne. 1747. 14 l.

— De Scarron, *in*-12. 12 vol. Nouv. Edit. 1752. contenant le Roman Comique, *in*-12. 3 vol. Le Virgile travesti, 3 vol. Les Œuvres, 4 vol. Les Nouvelles Tragicomiques, *in*-12. 2 vol. 27 l.

Œuvres de Madame de Villedieu, 12 vol. 30 l.

* Œuvres de Rousseau, *in*-12. 4 vol. petite forme, 9 l.

Œuvres de Segrais, *in*-12. 2 vol. *sous presse.*

Œuvres diverses du R. P. Brumoy de la Compagnie de Jesus, contenant ses pensées, *in*-8. 4 vol. 10 l.

Œuvres de M. l'Abbé de S. Real, avec des augmentations nouvelles, *in*-4. 3 vol. 30 l.

— Les mêmes *in* 12. 8 vol. *sous presse.*

Œuvres de Mariotte, *in*-4. 2 vol. 24 l.

Œuvres de Me Claude Henrys, contenant son Recueil d'Arrêts, ses Plaidoyers, & autres Observations, &c. par S. B. Bretonnier, augmentés de plus d'un tiers, aussi mis en meilleur ordre, par M. Terrasson, *in-fol.* 4 vol. 100 l.

Œuvres de Duplessis, *in-fol.* 2 vol.

Le Tome 1. contient ses Traités sur la Coûtume de Paris, avec des Notes de Mrs Berroyer & de Lauriere, se vend 20 l.

Le Tome 2. contient un Traité des matieres criminelles, & 62 questions agitées dans les Conferences tenues à la Bibliotheque de MM. les Avocats. Ce volume se vend 20 l.

Œuvres diverses de M. Patru de l'Académie Françoise, contenant les Plaidoyers, *in*-4. 1 vol. 15 l.

Œuvres de M. Cochin, *in*-4. 5 vol. 50 l.

Ordonnances des Rois de France, par Neron, *in-fol.* 3 vol. *sous presse.*

Ordonnance sur le fait des Eaux & Forêts, nouv. Edition augmentée, *in*-12. 1 vol. 3 l.

— de Louis XV. *in*-24. 1 l. 10 s.

Ordonnance de Louis XIV. *in*-24. 1 vol. ou Code Civile de Louis XIV. 1 l. 10 s.

— De Depeisses, *in-fol.* 3 vol. de Lyon. 72 l.

Ordonnances des Rois de France de la troisième Race, recueillis par ordre chronologique, 8 vol. contenant différens supplémens, pour le regne du Roi Jean, & les Ordonnances de Charles V. données pendant les années 1364. 65. & 66. par M. Secousse, Avocat au Parlement.

— Chaque vol. se vend séparément 20 l. *en feuilles.*

Origine ancienne de la Physique nouvelle par le Pere Regnault de la Compagnie de Jesus, *in*-12. 3 vol. 7 l. 10 s.

Ortopédie (l') ou l'Art de prevenir & de corriger dans les enfans les difformités du corps, le tout par des moyens à la portée de tout le monde, par M. Andry, *in*-12. 3 vol. reliés en 2. 6 l.

P

Panegyriques & autres Sermons prêchés par M. l'Abbé Charaud, Prédicateur du Roi, *in*-12. 3 vol. 1747. 7 l. 10 s.

Panegyrique de Trajan, par M. de Sacy, *in*-12. 2 l.

Paradis (le) perdu & reconquis, traduit de l'Anglois de Milton, *in*-12. 4. vol. petite forme. 9 l.

Parfait (le) Notaire, *in*-4. 2 vol. ou la Science parfaite des Notaires, contenant les Ordonnances, Arrêts & Réglemens rendus touchant la fonction des Notaires; tant Royaux qu'Apostoliques, par Claude-Joseph de Ferrieres. 1752. 18 l.

Parnasse (le) François, Poëme Héroïque, contenant des Essais sur la Campagne du Roi, par M. de Caux de Cappeval, *in*-12. 1 vol. 2 l. 10 s.

Pratique de l'Art de faire éclorre & d'élever en toute saison des Oiseaux domestiques de toutes especes, par M. de Reaumur. A l'Imprimerie Royale. 1752. 2 l. 10 s.

Pratique de la Perfection chrétienne du R. P. Alphonse Rodriguez, traduite de l'Espagnol par M. Regnier Desmaretz, *in*-12. 6 vol. 15 l.

Pensées édifiantes sur la Mort, tirées des propres paroles de l'Ecriture Sainte & des Saints Peres, où on a mis au commencement l'Ordinaire de la Messe, *in*-12. 1 vol. Paris, 1740. 2 l.

Pensées ingénieuses des Peres de l'Eglise, *in*-12. 1 vol. 1715. 2 l. 10 s.

Pensées sur divers sujets de Religion & de Morale, par le R. P. Bourdaloue de la Compagnie de Jesus, *in* 8. 2 vol. 12 l.

— Le même 3 vol. *in*-12. grand papier. 9 l.

— Le même 3 vol. *in*-12. petit Papier. 6 l.

Pieces Fugitives de M. S.***. *in*-12. 1 vol. petit format, 1752. 2 l. 10 s.

Poësies Françoises de M. l'Abbé Regnier Desmarais, Secrétaire perpetuel de l'Acad. Françoise. Nouv. Edit. augmentée, 2 vol. 1753. Amsterdam. 5 l.

Poësies de Desforges Maillard, *in-12.* 1 vol. 2 l. 10 s.

Poëtique Françoise à l'usage des Dames, avec des exemples, *in-12.* 1 vol. 4 l. 10 s.

Praticien (le) universel de M. Couchot, augmenté par M. de la Combe, *in-4.* 2 vol. 16 l.

— Le même *in 12.* 6 vol. 15 l.

Pratique universelle, par M. Lange, *in-4.* 2 vol. *sous presse.*

Princesse (la) de Cleves, par M. Segrais, *in-12.* 2 l. 10 s.

* Principes de Religion, ou préservatif contre l'incrédulité, *in-12.* 1 vol. petit pap. 1751. 2 l.

Principes & Usages concernant les Dixmes, par M. Louis-Franç. de Jouy, Avocat au Parlement. 1751. 2 l. 10 s.

Principes pour la Lecture des Poëtes, par M. l'Abbé Mallet *in-12.* 2 vol. 1744. 5 l.

Principes pour la Lecture des Orateurs, par le même, *in-8.* 3 vol. 1753. 7 l. 10 s.

Principes d'Histoire pour l'éducation de la jeunesse, par années, par M. l'Abbé Langlet Dufresnoy, *in-12.* 6 vol. 15 l.

— Les volumes se vendent séparément.

Principes sur le Mouvement & l'Equilibre, pour servir d'introduction aux Mécaniques & à la Physique de M. Trabaud, *in-4.* 1 vol. 1741. 14 l.

— Le même *in 8.* 1 vol. 4 l. 10 s.

Principes d'Astronomie, par M. Trabaud, *in-8.* *fig.* 1. vol. 4 l. 10 s.

— sur le Mouvement des corps terrestres, par le même *in-8. fig.* 4 l. 10 s.

— Sur le Mouvement des corps célestes, par le même *in-8. fig.* 4 l. 10 s.

Procès-verbal de l'Ordonnance de 1667. & de 1670. avec des instructions sur la Procédure civile & criminelle, *in 4. sous presse.*

Prose & Rime di Messere gio vanni della Casa, Edizione nuova riveduta & corretta per l'Abbate Annibale Antonini. In Parigi. 1727. 2 l. 10 s.

Pseaumes de la Pénitence de David, avec des Réflexions, *in 18.* 1 vol. 1727. 1 l. 10 s.

Pseaumes en forme de prieres, paraphrasés, nouvelle Edition, revûe, corrigée & augmentée, *in-12. sous presse.*

Pseaumes paraphrasés suivant le sens litteral & prophétique, par un Prêtre Solitaire, *in-12.* 3 vol. 7 l. 10 s.

Pseaumes (les) traduits sur l'Hébreux, avec des Notes, par un Religieux Bénédictin de la Congrégation de S. Maur. Nouv. Edit. augmentée de Cantiques & d'un Pseautier distribué, *in-12.* 1 vol. 1740. 3 l.

— Le même *in-18.* tout François. 2 l.

R

Rabelais (le) Moderne, ou les Œuvres de Maître François Rabelais, Docteur en Medecine, *in-12.* 8 vol. Amsterdam. 1752. 18 l.

Recherché (de la) de la vérité, par M. N. Malebranche, Prêtre de l'Oratoire de Jesus, *in-12.* 4 vol. Huitiéme Edition. 1749. 12 l.

Recueil des plus belles Pieces des Poëtes François, depuis Villon, jusqu'à Benserade, *in-12.* 6 vol. petit Format. 12 l.

Recueil de Pensées ingénieuses, tirées des anciens Poëtes Latins, avec les Imitations, ou Traduction en Vers François, rangées par Classes, par M. l'Abbé Berthelin, *in-12.* 1 vol. 1752. 2 l. 5 s.

Recueil de Pieces Galantes, en Prose & en Vers de Madame la Comtesse de la Suze, & de M. Pelisson. Nouvelle Edition à laquelle on a joint le Voyage de Bachaumont & la Chapelle, les Poësies du Chevalier ****, les Visionnaires, Comédie de Jean Desmarets, *in-12.* 5 vol. 1747. Trevoux. 12 l. 10 s.

Recueil d'Expériences & Observations sur la Pierre, & en particulier sur les effets des Remedes de Mlle Stephens, pour dissoudre la Pierre, *in-12.* 2 vol. *fig.* 1743. 5 l.

Recueil de Lettres choisies, écrites à Madame de Sevigné, *in-12.* 1 vol. 2 l. 10 s.

Recueil de Jurisprudence Canonique & Bénéficiale par ordre alphabetique, par M. de la Combe, *in-fol. sous presse.*

Recueil de Chansons, *in-12.* 8 vol. Edition d'Hollande. 20 l.

Réformation du Théâtre, par M. Louis Ricoboni, *in-12.* 1 vol. 1743. 2 l. 5 s.

Réflexions critiques sur la Poësie & la Peinture, par M. l'Abbé du Bos, Secrétaire perpétuel de l'Académie Françoise, *in-12.* 3 vol. nouvelle Edition. *sous presse.*

Regles & Statuts du Tiers-Ordre de Notre-Dame du Mont Carmel. Nouvelle Edition augmentée 1725. *in-12.* 1 vol. 2 l.

Regles pour former un Avocat, *in-12.* nouvelle Edition, considérablement augmentée, par M. Boucher d'Argis, Avocat au Parlement, *in-12.* 2 l. 10 s.

Relation du Voyage fait en Egypte par le Sieur Grangier, en l'année 1720. *in-12.* 1 vol. 1745. 2 l.

Relation de ce qui s'est passé dans le Royaume de Maroc, depuis 1727. jusqu'à 1737. *in-12.* 1 v. 1742. 2 l.

Relation du voyage de la Mer du Sud, par Frezier, *in-4. fig.* 9 l.

Remarques critiques sur le Dictionnaire de Bayle, *in-fol.* 1 vol. 1752. 24 l.

Remarques nouvelles sur la Langue Françoise. Troisiéme Edition. *in-12.* 2 vol. 1682. 5 l.

Replique à la critique du Libelle de M. Aubert, Médecin à Châlons sur Marne, par M. Navier, Docteur en Medecine; *in-12.* 1 vol. *broché.* 1752. 1 l. 10 s.

Rhétorique Françoise à l'usage des jeunes Demoiselles, avec des Remarques tirées des meilleurs Orateurs & Poëtes Modernes, *in-12.* 1 vol. Troisiéme Edition. 1752. 2 l. 5 s.

Rhétorique (la) ou l'Art de parler, par le P. Lamy de l'Oratoire, *in-12.* 2 l. 10 s.

Rhétorique (la) ou les Regles de l'Eloquence, par M. Gibert, *in-12.* 2 l. 10 s.

Révolutions d'Espagne, par le R. P. d'Orléans de la Compagnie de Jésus, publiées par les Peres Rouillé & Brumoy, *in*-4. 3 vol. *fig.* 24 l.

— Les mêmes *in*-4. grand papier, 36 l.

— Les mêmes *in*-12. 5 vol. 11 l. 10 f.

S

Satyres de Perse & de Juvenal, Latin & François, par le P. Tarteron, *in*-12. 2 l. 10 f.

* Satyres du Prince Cantimir, *in*-12. 1 vol. 2 l. 10 f.

Science (la) des Princes, ou Considerations politiques sur les Coups d'Etat, *in*-12. 3 vol. 1752. 7 l. 10 f.

Science (la) du Calcul, des Grandeurs en général, ou Elemens de Mathématiques, par le P. Reyneau de l'Oratoire, *in*-4. 2 vol. 22 l.

Secrets & Remedes éprouvés, par Rousseau, *in*-12. 2 l. 10 f.

Sermons du P. Pallu, de la Compagnie de Jésus, *in*-12. 6 vol. contenant 1 vol. d'Avent, 3 de Carême, 1 vol. de Mystere, 1 de Panégyriques. Edit. 1744. 15 l.

Sermons du P. Girout, de la Compagnie de Jésus, *in* 12. 5 vol. contenant son Avent, 2 vol. & son Carême, en 3 vol. *in*-12. Nouv. Edit. 1737. 10 l.

Sermons & Panégyriques de M. l'Abbé de la Tour, *in*-8. 3 vol. 1749. 9 l.

Sermons de M. Laffiteau, Evêque de Sisteron, *in*-12. 4 vol. Lyon. 1752. 10 l.

Sermons sur diverses Matieres importantes, par feu M. Tillotson, Archevêque de Cantorbery, traduit de l'Anglois, par Jean Barbeyrac, *in* 12. 6 vol. Amsterdam. 1744. 18 l.

Sermons, Discours & Harangues de M. de la Parisiere, Evêque de Nismes, *in*-12. 2 vol. 5 l.

Sermons sur divers sujets de morale, par le P. Pacau, de l'Oratoire, *in*-12. 3 vol. 7 l. 10 f.

Sermons du Pere Simon, de la Vierge, *in*-12. 15 vol. Liege. 37 l. 10 f.

Sermons, Discours & Harangues de M. de Nesmond, Archevêque de Toulouse & de l'Académie Françoise, *in*-12. 2 l. 10 f.

Sermons pour l'Avent & le Carême, par le P. de la Roche de l'Oratoire, *in*-12. 4 vol. 10 l.

— Sur les Mysteres & autres divers sujets, *in*-12. 2 vol. 5 l.

— Panegyriques des Saints, par le même, *in*-12. 2 vol. 5 l.

Sermons pour l'Avent & le Carême, Mysteres & Panegyriques par le P. Hubert de l'Oratoire, *in*-12. 6 vol. 15 l.

Spectateur François (le) par M. de Marivaux. Nouv. Edit. augmentée de plusieurs Ouvrages du même Auteur dans le même genre, *in* 12. 2 vol. 1752. 5 l.

Spectateur (le) ou le Socrate moderne, traduit de l'Anglois, *in* 12. 7. vol. 18 l.

Soirées du Bois de Boulogne, *in*-12. 2 vol. 4 l.

Supplément au Journal du Voyage au Perou, par M. de la Condamine : *in*-4. premiere partie *brochée.* 1 l. 4 f.

— Le même seconde partie *in*-4. *brochée.* 6 l.

T

Tables de la Lune, par M. Clairault, *in*-8 *broché*, 3 l.

Tables du Soleil & de la Lune, traduites de l'Anglois de M. Halley, &c. *in* 8. 7 l.

Texte de la Coutume de Normandie, avec des Notes sur chaque Article ; on y a joint les Observations sur les Usages Locaux de la Province de Normandie, & les Articles & Placites du Parlement de Rouen, par M. N. *** 1749. 3 l.

Théâtre des Grecs, par le R. P. Brumoy de la Compagnie de Jésus, *in* 12, 6 vol. 15 l.

— de Boursault, *in*-12. 3 vol. 7 l. 10 f.

— de Crébillon, *in*-12. 3 vol. 6 l.

— de Campistron, *in*-12. 3 vol. 6 l.

— de Dancourt. 8 vol. *sous presse.*

— de la Grange-Chancel, 3 vol. *sous presse.*

— de le Grand, 3 vol. *sous presse.*

— de Quinault, *in*-12. 5 vol. *sous presse.*

—   *in*-12. 12 vol. *sous presse.*

— de Baron, *in*-12. 2 vol. 5 l.

— d'Auteroche, *in*-12. 3 vol. 7 l. 10 f.

— de Montfleury, *in*-12. 3 vol. 7 l. 10 f.

— de Poisson, *in*-12. 2 vol. 4 l. 10 f.

— de Barbier. 2 l.

Theodoret, Evêque de Cyr, de la Providence, & son excellent Discours de la divine Charité, traduit en François, dédié à M. le Duc d'Orléans, par M. l'Abbé le Maire, *in*-8. 1 vol. 1740. 4 l.

Theologia dogmatica & moralis ad usum Seminarii Catalaunensis, Autore D. Ludovico Habert sacræ Facultatis Parisiensis, Doctore Theologo, *in*-12, 8 vol. *Nova Editio.* 1736. 24 l.

Théologie des Insectes, ou Demonstration des perfections de Dieu dans tout ce qui concerne les insectes, traduit de l'Allemand de M. Lesser, avec des remarques de M. P. Lyonnet, *in*-8. 2 vol. 1745. 7 l.

Théologie de l'Eau, ou Essais sur la bonté, la sagesse & la puissance de Dieu manifestés dans la création de l'eau, traduit de l'Allemand de M. Jean Albert Fabricius, *in*-8. 1 vol. La Haye. 1741. 5 l.

Tournefort *Institutiones rei herbariæ*, *in*-4. 3 vol. *fig. Tertia Editio Lugduni juxta Exemplar. Parisiis.* 36 l.

Traduction des Lettres de Pline le jeune, par M. de Sacy de l'Académie Françoise, *in*-12. 3 vol. 7 l. 10 f.

Tragédies, Opera de l'Abbé Métastasio, traduites en François par M.... *in*-12. 7 vol. petit pap. 1751. 14 l.

— La suite *sous presse.*

Traité de la gloire, par M. de Sacy, *in* 12. 2 l.

Traité de l'amitié, par le même, *in*-12. 2 l. 10 f.

— De la Paresse, ou l'Art de bien employer le tems dans toutes sortes de conditions, par M. Courtin, *in*-12. 3 l.

Traité Philosophique de la foiblesse de l'esprit humain, *in*-12. 2 l. 10 f.

Traité de la Baguette divinatoire, par M. Vallemont, *in*-12. 4 l. 10 f.

Traité de la fonte des mines, par M. Hellot, *in*-4. 2 vol. 26 l.

Traité de Mineralogie & d'Hydrologie, traduit de l'Allemand de Valerius, *in-8.* 2. vol. *fig.* 12. l.

Traité de la nature du Feu, par M. de Beaufobre, *in-12.* 2 l. 10 f.

Traité des Donations entre-vifs & Testamentaires, la Coûtume d'Amiens, le Don mutuel fait par Testament, ou par Contrat ; des substitutions, la Coûtume de Senlis, &c. Nouvelle Edition considérablement augmentée, par M. Duchemin, Avocat en Parlement, *in fol.* 40 l.

Traité de la Communauté des biens entre l'homme & la femme, par M. de Renusson Avocat, Nouvelle Edition *in-4.* 8 l.

— De la subrogation & de ceux qui succédent au lieu & place des Créanciers, par le même, *in-4.* 8 l.

— Des propres réels, réputés réels, conventions, par le meme, *in-4.* 8 l.

— Du Douaire & de la Garde-Noble, par le même, *in 4.* 8 l.

Traité de la Communauté, par M. le Brun, *in-fol.* *sous presse.*

— Des Successions, par le même, *in-fol.* 18 l.

Traité des Testamens par Furgole, *in-4.* 4 vol. 36 l.

Traité de la Mort civile, *in-4. sous presse.*

Traité de la Souveraineté des Droits, des Domaines du Roy, *in-4.* 2 vol. *sous presse.*

Traité sur la Grossesse & l'accouchement des femmes & de leurs maladies, & de celles des enfans nouveaux nés, par M. Mauriceau, *in-4.* 2 vol. 15 l.

Traité des Parties doubles, ou Méthode aisée pour apprendre à tenir en partie double les Livres du Commerce & des Finances, par M. Barrême, *in-8.* 5 l.

Traités (deux) l'un de la flaterie & des louanges, l'autre de la médisance, *in-12.* 1 vol. 1741. 2 l. 10 f.

Traité analitique des Sections coniques, & de leur usage, pour la résolution des équations dans les Problêmes tant déterminés qu'indéterminés, par M. le Marquis de Lhôpital, *in - 4.* 1 vol. *fig.* 1720. 12 l.

Tractatus pathologicus de Affectibus fœminarum præter naturalibus, Autore D. Geraldo Fitzgerard, Regis Consiliario & Medico, in alma Monspeliensium Medicorum Academia Professore Regio dignissimo. 2 l. 10 f.

Traité d'Optique ; *in-4.* 1 vol. *fig.* où l'on donne la théorie de la lumiere dans le système Neutonien, avec des nouvelles solutions, principaux Problêmes de Dioptrique & Catoptrique. 1752. 7 l. 10 f.

Traité de l'Existence & des Attributs de Dieu, des Devoirs de la Religion naturelle, & de la Vérité de la Religion Chrétienne, par M. Clark, Docteur en Théologie, traduit de l'Anglois par M. Ricotier, *in-8.* 3 vol. Sixiéme Edition. 1744. 9 l.

Traité des Peines des secondes Nôces, dans lequel on voit de quelle maniere les peines des secondes nôces sont observées tant dans les Provinces du Droit Ecrit que dans la France Coutumiere, par M. Dupin, Avocat de Bordeaux, *in-4.* 1 vol. 1743. 7 l. 10 f.

Traité des Dispenses du Carême, *in - 12.* 2 vol.

1741. dans lequel on découvre la fausseté des prétextes qu'on apporte pour les obtenir. Troisiéme Edit. augmentée de deux Dissertations, l'une sur les Macreuses, & l'autre sur le Tabac. 5 l.

Traité de la Fabrique des Manœuvres pour les Vaisseaux, ou l'Art de la Corderie, perfectionné par M. Duhamel Dumonceau, *in-4.* 1 vol. *fig.* Imp. Royale. 15 l.

Traité des Fiefs, par M. Billecoq, Lieutenant Général au Bailliage de Roye. Nouv. Edit. corrigée par M. *** Avocat au Parlement, *in-4.* 1 vol. 1749. 7 l. 10 f.

Traité des Fievres ma'ignes, des Fievres pestilentielles & autres, avec des Consultations sur plusieurs sortes de Maladies, *in-12.* 2 vol. 1742. 4 l.

Traité des moyens de dissoudre la Pierre, & de guérir cette Maladie, & celle de la Goute, par le choix des alimens, par M. Theophile Lobb, Docteur en Medecine, de la Société Royale de Londres, *in-12.* 1 vol. 1744. 2 l. 10 f.

Traité des Opérations de la Chirurgie, augmenté des Bandages & Appareils à la fin de chaque Opération, par Joseph de Charriere. Nouv. Edit. revue, corrigée par l'Auteur, *in-12.* 1 vol. 1727. 2 l. 10 f.

Traité des Parties qui servent de passage à l'urine, avec leur Description, leur action & leur usage, par M. Rutty, *in-12.* 1 vol. 1745. 2 l.

Traité des Superstitions qui regardent les Sacremens, selon l'Ecriture Sainte, les Decrets des Conciles, & les Sentimens des Saints Peres & des Théologiens, par Jean-Baptiste Thiers, Docteur en Théologie, *in-12.* 4 vol. Cinquiéme Edition. 1741. 10 l.

Traité des Systêmes, où l'on en démêlé les inconvéniens & les avantages, par l'Auteur de l'essay sur l'origine des connoissances humaines, 2 vol. La Haye. 1749. 4 l.

Traité du Castor, dans lequel on explique la nature, les propriétés & l'usage Medico-Chimique du Castoreum dans la Medecine, par Jean Marius, Medecin d'Ausbourg, traduit par M. Eidous, *in-12.* 2 vol. *fig.* 2 l.

*Traité sur diverses Matieres de Droit François, à l'usage du Duché de Bourgogne, & des autres Pays qui ressortissent au Parlement, par Gabriel Dayos, avec des Notes de Jean Raunelier, *in-12.* 4 vol. Dijon. 1751. 14 l.

V

* Venus Physique. Sixiéme Edition, revue & augmentée, *in-12.* 1 vol. petit pap. 1751. 3 l.

Vérité de la Religion chrétienne, avec l'art de se connoître soi-même, par Abbadie, *in-12.* 4 vol. 8 l.

Véritable (le) Pere Joseph Capucin, contenant l'Histoire anecdotte du Cardinal de Richelieu, *in-12.* 2 vol. *sous presse*

Vie du Cardinal Duc de Richelieu, nouvelle Edition revûe & augmentée de pieces curieuses & historiques, qui servent à son éclaircissement, par M. le Clerc, *in-12.* 5 vol. 1753. 12 l. 10 f

15

Vie de Solon & Publicola, *in-12.* 1 l. 4 f.

Vie de Mahomet, par Gagnier, *in-12.* 3 vol. 7 l. 10 f.

Vies des premiers Peintres du Roi, depuis M. le Brun, jusqu'à préfent, *in-8.* 2 vol. relié en un. Paris. 1752. 3 l.

Vie (la) de M. de Bretigni, Prêtre Fondateur des Carmelites de Sainte Thérefe en France, & aux Pays-Bas, par le Pere Beauvais, *in-12.* 1747. 2 l.

La Vie de S. Thomas d'Aquin, de l'Ordre des Freres Prêcheurs, Docteur de l'Eglife, avec un Expofé de fa Doctrine & de fes Ouvrages, par le Pere Touron, *in-4.* 1 vol. 1740. 9 l.

Vie de S. Dominique de Guzman, Fondateur de l'Ordre des Freres Prêcheurs, avec l'Hiftoire abregée de fes premiers Difciples, par le P. Touron, Religieux du même Ordre. 1739. 9 l.

Les Vies des Saints, recueillies des Auteurs les plus Fideles, avec des Réflexions fur la Vie de chaque Saint. Nouvelle Edition de Lyon. 1740. *in-12.* 4 vol. 10 l.

Vies des Saints, de Baillet, *in-4.* 10 vol. 90 l.

Les Vies des Saints Peres des Déferts d'Orient, 3 vol. & d'Occident, *in-12.* 2 vol. *fig.* 18 l.

— Les mêmes, *fans fig.* 12 l. 10 f.

Nouveau Voyage fait au Levant les années 1731. & 1732. contenant les Defcriptions d'Alger, Tunis, Terre Sainte, Conftantinople, par Tollot, *in-12.* 1 vol. 1742. 2 l.

Voyage de Chapelle & Bachaumont, avec les Poéfies du Chevalier Daceilly, *in-12.* 1 vol. Amfterdam. 1751. 2 l.

Voyage du P. Labat, de l'Ordre des Freres Prêcheurs en Efpagne & en Italie, *in-12.* 8 vol. 1730. 20 l.

— Du même en Ethiopie, *in-12.* 5 vol. 12 l. 10 f.

— Du même en Amerique, *in-12.* 8 vol. *fous preffe.*

— Du même, ou Mémoires du Chevalier d'Arvieux, *in-12.* 6 vol. 15 l.

Voyage d'Italie, par M. Maximilien Miffon. Edit. augmentée de Remarques nouvelles & intéreffantes, *in-12.* 4 vol. *fig.* 1743. 10 l.

Voyage de Guinée, *in-12.* 2 vol. 4 l. 10 f.

Voyage de la Baye de Hudfon, fait en 1746. & 1747. pour la découverte du Paffage du Nord-Oueft, traduit de l'Anglois de M. Henry Ellis, Gentilhomme Agent des Propriétaires pour cette expédition, *in-12.* 2 vol. *fig.* 4 l.

Voyage de Pietro della Vallé Gentilhomme Romain, *in-12.* 8 vol. 20 l.

Voyages & Avantures du Comte de *** & de fon fils, *in-12.* 2 vol. 4 l.

Voyage autour du monde, par M. Georges Anfon, *in-12.* 4 vol. *fig.* 12 l.

On trouve chez le même Libraire, toutes fortes de Livres, tant de France que des Pays Etrangers.